20 Mai 1914

VENTE

Du Mercredi 20 Mai 1914

HOTEL DROUOT, SALLE N° 9

A DEUX HEURES

LIVRES ANCIENS

ET MODERNES

OBJETS D'ART

COMMISSAIRE-PRISEUR

Me HENRI BAUDOIN

EXPERTS

M. CH. BOSSE

MM. MANNHEIM

CATALOGUE

DE

LIVRES A FIGURES

DU XVIIIe SIÈCLE

ESTAMPES ET GRAVURES

Livres illustrés de l'Époque Romantique

EN EXEMPLAIRES DE CHOIX

ÉDITIONS ORIGINALES D'AUTEURS CONTEMPORAINS

Objets d'Art et d'Ameublement

FAIENCES — PORCELAINES DE CHINE

OBJETS VARIÉS

MEUBLES, TAPIS

DONT LA VENTE AURA LIEU

HOTEL DROUOT, SALLE N° 9

LE MERCREDI 20 MAI 1914

A deux heures

COMMISSAIRE-PRISEUR

Me HENRI BAUDOIN, 10, rue de la Grange-Batelière

EXPERTS

Pour les Livres :	*Pour les Objets d'art :*
M. CH. BOSSE	MM. MANNHEIM
18, rue de l'Ancienne-Comédie	7, rue Saint-Georges

EXPOSITION PUBLIQUE

Le Mardi 19 Mai 1914, de 2 heures à 6 heures

CONDITIONS DE LA VENTE

Elle sera faite au comptant.

Les adjudicataires paieront *dix pour cent* en sus des enchères.

Paris. — Imp. de l'Art, Ch. Berger, 41, rue de la Victoire.

LIVRES ANCIENS

1. **Affaire du Collier.** — Mémoire pour la demoiselle Le Guay d'Oliva, fille mineure, contre M. le Procureur-Général, en présence de M. le Cardinal-Prince de Rohan, de la dame de la Motte-Valois, du sieur de Cagliostro et autres; tous co-accusés. *Paris*, 1786; 39 pp. — Second mémoire pour la demoiselle Le Guay d'Oliva..... *Id.*, 1786; 43 pp. — Mémoire sommaire pour la comtesse de Valois-La Motte, accusée, contre M. le Procureur-Général. *Id.*, 1786; 72 pp. — Ens. 3 part. en 2 vol. in-8, reliés.

   Les 2 premiers mémoires, réunis en un volume, relié veau marb., dos orné, fil. sur les plats, tête marb., non rog., contiennent chacun un beau portrait gravé, l'un de Mlle Le Guay d'Oliva, l'autre, de Mlle de La Tour; le 3e mémoire est relié séparément en demi-veau marb., dos orné, tête rouge, non rog.; ces reliures sont modernes.

2. **Berquin.** Idylles, par M. Berquin. *A Paris, chez Ruault*, 1775; 2 tomes en 1 vol. pet. in-12, mar. grenat, dos sans nerfs orné, fil. sur les plats, dent. int., tr. dor.

   Premier tirage. — Illustré de 1 titre-frontispice et 24 charmantes figures de Marillier, gravés par Gaucher, De Ghendt, Delaunay, Masquelier, etc. — Belles épreuves.

3. **Cartes d'adresses,** factures à en-tête orné, imprimés à vignettes, etc. — Réunion de 9 pièces diverses, de différents formats.

   Comprend 5 pièces typographiées, parmi lesquelles : Billet de faire-part du décès du Marquis Ignace Coppoli (1771); facture de Buffault, négociant en soieries (1763), etc., et 4 pièces gravées en taille-douce, factures et carte d'adresse.

4. **Colardeau.** Le Temple de Gnide, mis en vers par M. Colardeau. *Paris, Le Jay, s. d.* (1773); pet. in-8, bas. marb., dos orné, tr. rouges. (*Rel. anc.*)

Premier tirage. — Illustré de 1 titre-frontispice gravé, avec le portrait de Corneille en médaillon, et de 7 jolies figures de Monnet, gravées par Baquoy, Née, Masquelier, Ponce, Delaunay, etc. Rare. — Belles épreuves.

5. **Contes grivois** du XVIIIe siècle, en vers. — La Papesse Jeanne, poème en dix chants (par Ch. Borde). *La Haye*, 1778; 112 pp. — Contes nouveaux (par Andréa de Nerciat). *A Liège*, 1777; 134 pp. — Le Petit-neveu de Bocace, ou contes nouveaux, en vers (par Planches de Valcour). *Amsterdam, chez Arkstée et Merkus*, 1777; 164 pp. — Le Caleçon des coquettes du jour (par Maynard). *La Haye*, 1763; 35 pp. — Ens. 4 ouvr. en 1 vol. pet. in-8, demi-rel. mar. bleu jans. avec coins, tr. dor. (*Petit.*)

Les 3 derniers ouvrages sont en *édition originale*.

6. **Crébillon fils**. Le Sopha couleur de roze, conte moral. *A Gaznah, de l'imp. du Sultan des Indes*, l'an de l'Hégire M. C. XX; 2 tomes en 1 vol. pet. in-12, veau brun, tr. jasp. (*Rel. anc.*)

Edition originale, avec les titres et les tables imprimés en rose foncé. (Jaunissures; la rel. est fatiguée et les coins en sont usés.)

7. **Doppet** (F.-A.). Aphrodisiaque externe ou Traité du Fouet, et de ses effets sur le physique de l'amour. Ouvrage médico-philoso-

phique, suivi d'une dissertation sur tous les moyens capables d'exciter aux plaisirs de l'amour par D*** (F.-Amédée-Doppet), médecin, *S. l.*, 1788; pet. in-12, mar. rouge jans., dent. int., tr. dor. (*Brany.*)

Bel exemplaire grand de marges. Haut. : 134 millim.

8. **Duplessi-Bertaux.** Suite d'ouvriers de différentes classes — *S. l. n. d.*; in-8 obl., demi-rel. veau marb., dos orné, éb. (*Rel. moderne.*)

24 planches, dont 1 titre (11 planches sont avant la lettre). — Belles épreuves.

9. **Éloge** d'Esprit Fléchier, évêque de Nismes, discours qui a remporté le prix de l'Académie Royale de Nismes, en 1776, par M. Trinquelague, avocat. *A Nismes*, 1776; in-8, mar. vert, dos orné, fil. et bord. de fleurs dor. aux petits fers, sur les plats, tr. dor. (*Rel. anc.*)

Fraîche reliure ancienne.

10. **Fréron** et **Colbert d'Estouteville.** Adonis (poème en prose). *A Londres, et se trouve à Paris, chez Musier fils*, 1775; in-8, veau fauve, dos sans nerfs orné, bord. dor. sur les plats et à l'int., tr. dor. (*Rel. anc.*)

Premier tirage. — Illustré d'un titre-frontispice, une figure, un en-tête et un cul-de-lampe, par Eisen, gravés par Ponce.

On a relié à la suite : *Epitre d'Héloïse à Abailard*, imitée de Pope, par Mercier. *Amsterdam et Paris, Veuve Duchesne*, 1774; 1 fig., 1 en-tête et 1 cul-de-lampe par Marillier, gravés par Le Beau et Née. — *Lettre de Caton d'Utique à César. Paris, Lambert*, 1766.

11. **Goldoni.** Mémoires de M. Goldoni, pour servir à l'histoire de sa vie et à celle de son théâtre. *Paris, chez la veuve Duchesne*, 1787; 3 vol. in-8, veau marb., dos orné, fil. sur les plats, tr. jaunes. (*Rel. anc.*)

Édition originale, ornée d'un beau portrait par Cochin, gravé par Le Beau.

12. **Grandval** fils (Ragot de). Combat à mort, ou mort héroïque de Propret, tragédie comme les autres, ni pour rire, ni pour pleurer, dédiée à qui de droit, par le sieur de Trois-Étoiles. *Imprimée à la campagne, chez un marchand chapelier, au Creuset, s. d.* (vers 1740); in-8, veau fauve, fil. dor. sur le dos et les plats, dent. int., tr. jasp. (*Bauzonnet*).

Édition originale de cette bouffonnerie scatologique.

13. **Hogarth** (William). Réunion de 33 estampes de cet artiste, dont 30 de format pet. in-4, montées par 2, et 3 de format gr. in-4, montées séparément, sur bristol.

Épreuves anciennes sans marges, la plupart d'un bon tirage.

On y a joint une reproduction en héliogravure d'une eau-forte d'Albert Dürer.

14. **La Fontaine.** Contes et Nouvelles en vers, par Jean de La Fontaine. *S. l.* (*Paris*), 1777; 2 vol. in-8, veau rac., dos sans nerfs orné avec pièces de titre rouges et vertes, tr. dor. (*Rel. anc.*).

Contrefaçon de l'édition dite des *Fermiers-Généraux*, illustrée de 2 fleurons de titre, 2 frontispices gravés par Vidal, 1 portrait de La Fontaine, gravé par Macret d'après Fiquet, 80 gravures hors texte d'après celles d'Eisen, et 43 culs-de-lampe. (Défaut de papier formant trous aux pp. 19-20 du tome Ier; qq. petites taches; les coins de la reliure sont usés).

15. **La Mésangère** (de). Le Voyageur à Paris, tableau pittoresque et moral de cette capitale. *Paris, Chaignieau aîné*, an V (1797); 3 vol. in-18, bas. raz., dos orné, tr. jasp. (*Rel. de l'époque.*)

On y a joint : *L'Optique du jour, ou le foyer de Montansier*, par Joseph R*** y (Rosny). *Paris, Marchand*, an VII; in-18, front. gravé, cart. bradel perc. grenat, éb. (Le frontispice est doublé).

16. **Martinet** (F. N.). Description historique de Paris et de ses plus beaux monuments, gravés en taille-douce, par F. N. Martinet, pour servir d'introduction à l'histoire de Paris et de la France, par M. Béguillet. (Tome Ier). *Paris et Dijon*, 1779; pet. in-4, demi-rel. bas. brune, tr. rouges. (*Rel. anc.*)

1 vignette, 1 titre, 2 figures allégoriques et 19 planches renfermant chacune deux petites vues de Paris, dessinés et gravés par Martinet, (Petite tache grattée dans la marge de la pl. VIII; tache dans la marge des derniers ff.).

17. **Martinville**. Grivoisiana, ou recueil facétieux, par Martinville (et Ragueneau de la Chenaye). *Paris, de l'imp. du collège de Me Gervais*, an XI (1803); in-18, front. gravé, mar. brun jans., dent. int., tr. dor.

Bel exemplaire de ce recueil curieux et rare.

18. **Mercier** (L.-S.). Tableau de Paris. — Nouvelle édition corrigée et augmentée. *A Amsterdam*, 1783-1788; 12 vol. in-12, demi-rel. veau, tr. jaunes. (*Rel. anc.*)

19. **Molière**. Psyché, tragédie-ballet, par J.-B.-P. Molière. *A Paris, chez Claude Barbin*, 1673; in-12, veau marb., dos orné, tr. jasp. (*Rel. anc.*)

Seconde édition originale, publiée deux mois après la mort de Molière (Exemplaire défectueux, avec taches et raccommodages.)

20. **Moreau le jeune**. Collection de 42 figures dessinées par cet artiste pour différents ouvrages du XVIIIe siècle, montées sur papier ancien et rel. en 1 vol. pet. in-fol.

Comprend : 4 figures pour les *Lettres d'Héloïse et d'Abeilard*, éd. Didot, 1796 (dont celle représentant l'attentat de Fulbert), *épreuves avant la lettre* (petites marges). — 1 frontispice pour les œuvres de Voltaire, éd. de Kehl. — 7 figures (sur 8), pour les *Amours de Psyché et de Cupidon*, éd. Didot, 1795; pet. in-4 (belles épreuves, mais petites marges). — 1 frontispice et 4 figures pour le *Jugement de Pâris*, par Imbert, éd. d'Amsterdam, 1772 : pet. in-12 (très petites marges). — 8 figures pour le *Roland furieux*, éd. de 1773; in-8 (petites marges), etc.

21. **Nogaret**. Le fond du sac ou restant des babioles de M. X***, membre éveillé de l'Académie des Dormans. *A Venise, chez Pantalon-Phébus*, 1780; 2 tomes en 1 vol. pet. in-18, demi-rel. mar. rouge avec coins, tr. jasp. (*Rel. de l'époque.*)

Premier tirage de ce recueil de contes et pièces fugitives, orné de 1 frontispice et 6 jolies vignettes signées D. (Durand ou Duplessi-Bertaux).

22. **Nougaret.** Les Foiblesses d'une jolie femme, ou mémoires de Madame de Vilfranc, écrits par elle-même. *Amsterdam, et Paris, Belin*, 1779; 2 vol. petit in-12, cart. de l'époque, éb.

Roman galant, attribué par quelques bibliographes à Restif de la Bretonne.

23. **Nougaret** (P.-J.-B.). Les Jolis Péchés d'une marchande de modes, ou ainsi va le monde. — Troisième édition, revue et considérablement augmentée. *Paris*, an VIII (1800); in-18, demi-rel. mar. grenat jans., tête dor., non rog.

Une figure dessinée et gravée par G. Texier.

24. **Pasquier** et **Denis.** Plan topographique et raisonné de Paris. — Deuxième édition, corrigée et augmentée. *Paris*, 1765; 3 part. en 1 vol. petit in-8, vign. grav., veau marb., dos orné, fil. dor., tr. rouges (*Rel. anc.*).

Édition renfermant, outre les ff. de texte et les plans gravés de la 1re édition, 23 pp. de texte gravé donnant le moyen de se servir de l'ouvrage, et 34 pp. de texte typographié (table des localités qui se trouvent dans la carte de l'archevêché de Paris).

On y a joint : *Etat général des postes de France*, pour l'année 1782, in-12, veau, tr. rouges. (*Rel. anc.*)

25. **Peysonnel** (Charles de). Les Numéros. — Troisième édition, augmentée d'une quatrième partie. *A Amsterdam, et se trouve à Paris*, 1784; 4 vol. pet. in-18, demi-rel. veau brun, tr. jasp. (*Rel. anc.*)

Contient 57 chapitres sur les mœurs parisiennes de l'époque.

26. **Pigault-Lebrun.** Mon Oncle Thomas. *Paris, Barba*, an 8 (1799); 4 vol. petit in-12, demi-rel. veau gran. avec coins, tr. jaunes. (*Rel. anc.*)

Édition originale de ce recueil d'amusantes aventures grivoises, orné de 4 figures dessinées et gravées par Chaillou.

27. **Pope** (Alexandre). Herrn Alexander Popens Lockenraub, ein scherzhaftes Heldengedicht. Aus dem Englischen in deutsche verse übersetzt, von Luisen Adelgunden Victorien Gottschedinn. *Leipzig, B.-C. Breitkopfs*, 1744; in-8, veau éc., dos orné, bord. dor. sur les plats et à l'int., tr. jasp. (*Rel. moderne.*)

Édition illustrée de 5 curieuses figures de Vernerin, gravées par Bernigeroth.

28. **Portrait** de Mlle Colombe l'aînée, de la Comédie Italienne, par Delatre, d'après Le Moine, publié par Esnauts et Rapilly vers 1775; in-8, petites marges.

Très bonne épreuve ancienne.

On y a joint le *portrait de Mme de Bedigis*, par Tardieu, d'après Bertin, petit in-4 en largeur, épreuve ancienne avant la lettre, petites marges. — Ensemble 2 pièces en noir.

29. **Portrait** de Mlle la Chevalière d'Eon de Beaumont, par Th. Chambars, d'après Richard Cosway, publié à *Londres* en 1787; in-8, petites marges.

Jolie pièce *gravée et imprimée en couleurs.* — Epreuve ancienne.

30. **Portraits** (2) de l'acteur Juliet, dessinés et gravés par Louis Rousseau, 1793 ; in-8.

Épreuves anciennes *coloriées.*

31. **Portrait** de Henry de La Tour d'Auvergne, vicomte de Turenne, par Ridet, d'après Sergent, publié par Blin, 1786; in-4, belles marges.

Belle pièce gravée à l'aquatinte et *imprimée en couleurs.* — Épreuve ancienne.

32. Portrait-frontispice pour la Henriade, par Quéverdo, terminé par Dambrun; gr. in-4.

Belle épreuve ancienne ; belles marges.

33. **Prudhomme** (L.). Miroir historique, politique et critique de l'ancien et du nouveau Paris et du département de la Seine. — Troisième édition, considérablement augmentée. *Paris*, 1807; 6 vol. in-18, demi-rel. bas. brune, dos orné, tr. jaunes. (*Rel. anc.*)

Édition renfermant 116 figures gravées, dont 1 plan de Paris, 1 carte du département de la Seine et 114 vues des principaux monuments de Paris. (Le plan de Paris manque.)

34. **Restif de la Bretonne**. Les Contemporaines ou avantures des plus jolies femmes de l'âge présent, recueillies par N.-E. R** d*-l*-B***; et publiées par Timothée Joly, de Lyon, dépositaire de ses manuscrits. — Seconde édition. *Imprimé à Leipsick, par Büschel, et se trouve à Paris, chés la dame Vve Duchesne*, 1781-1785; 42 vol. in-12, cart. de l'époque, tr. jasp.

Seconde édition de cet ouvrage recherché, plus

rare que la première, dit Paul Lacroix, et importante par les nombreux remaniements, additions et changements, que l'auteur fit subir à son texte et, notamment, par les pièces supplémentaires insérées à la fin de certains volumes ; comme dans tous les exemplaires, les 12 derniers tomes, qui forment la série complète des *Contemporaines par gradation*, sont en premier tirage, cette série n'ayant pas été réimprimée.

Exemplaire bien complet des 283 figures de Binet, gravées par Pauquet, Berthet et autres; celles des 30 premiers volumes sont parfois usées, comme dans tous les exemplaires de la seconde édition ; celles des 12 derniers sont en belles épreuves. (Petites taches, mouillures et légères défectuosités, notamment aux tomes III et XII ; déchirure à 1 fig. du tome IV et au titre du tome XLII ; piqûre de ver au tome XL ; les chansons badines de la fin du tome XXIX manquent, comme dans tous les exemplaires, ainsi que les pp. 323-326 du tome XXXVIII.)

35. **Restif de la Bretonne.** La Dernière avanture d'un homme de quarante-cinq ans. Nouvelle utile à plus d'un lecteur. *A Genève, et se trouve à Paris, chés Regnault*, 1783 ; 2 vol. in-12, veau marb., dos orné, tr. marb. (*Rel. anc.*)

Édition originale, ornée de 4 figures par Binet, gravées par Giraud et Pauquet.

36. **Restif de la Bretonne.** Le fin-matois, ou histoire du Grand-Taquin, traduite de l'espagnol de Quévedo, avec des notes historiques et politiques. *A La Haie, et se trouve à Paris*, 1776 ; 3 part. en 1 vol. in-12, veau marb., dos orné, tr. rouges. (*Rel. anc.*)

Edition originale de cette traduction de l'*Histoire de don Pablo de Ségovie.*

37. **Restif de la Bretonne**. Le Ménage Parisien ou Déliée et Sotentout. *Imprimé à la Haie* (Rouen et Paris, Lebouchèr), 1773 ; 2 tomes en 1 vol. petit in-12, veau marbr., dos orné, tr. rouges. (*Rel. anc.*)

Édition originale de cet amusant roman, qui constitue une des plus rares de toutes les productions de Restif de la Bretonne. (Piqûre de ver sur la tranche ; rousseurs.)

38. **Restif de la Bretonne**. La Mimographe, ou idées d'une honnête-femme sur la réformation du théâtre national. *Amsterdam et La Haye*, 1770 ; 2 part. en 1 vol. in-8, cart. bradel demi-vélin blanc, tr. jasp.

Édition originale de cet ouvrage qui renferme de nombreux détails historiques, anecdotes et particularités sur les mœurs du théâtre, les acteurs et actrices célèbres, etc.

Exemplaire provenant de la bibliothèque de Ludovic Halévy, avec son ex-libris. (Le faux-titre manque.)

39. **Restif de la Bretonne**. Les Nouveaux Memoires d'un homme-de-qualité, par M. le M... de Br... *A La Haie, et se trouve à Paris, chés la veuve Duchesne*, 1774 ; 2 tom. en 1 vol. in-12, demi-rel. veau vert, dos orné, tr. jaunes. (*Rel. anc.*)

Édition originale.

40. **Restif de la Bretonne**. Les Nuits de Paris, ou le Spectateur nocturne. *A Londres, et se trouve à Paris, chés les libraires nommés en tête du catalogue*, 1788-1790 ; 15 parties en 8 vol. in-12, demi-rel. bas. brune, tr. jasp. (*Rel. anc.*)

Exemplaire renfermant la XVe partie, publiée

deux années après les XIV premières, qui manque souvent. Complet des 17 figures gravées d'après Binet. (Le portrait de l'auteur manque; déchirures et taches à plusieurs volumes.)

41. **Restif de la Bretonne**. Le Palais-Royal. *A Paris, au Palais-Royal d'abord, puis partout, même chés Guillot*, 1790; 3 vol. pet. in-12, demi-rel., veau fauve avec coins, tr. jasp.

Édition originale, ornée de 3 grandes figures pliées représentant *les 32 filles dans l'allée des Soupirs, le Cirque* et *la Colonnade*. Rare. Haut.: 142 mill.

42. **Restif de la Bretonne**. Les Parisiennes, ou XL Caractères généraux pris dans les mœurs actuelles, propres à servir à l'instruction des personnes-du-sexe. Tirés des Mémoires du nouveau *Lycée-des-mœurs*. *A Neufchâtel, et se trouve à Paris, chés Guillot*, 1787; 4 vol. in-12, demi-rel. mar. vieux rose avec coins, dos orné, fil., tête dor, éb. (*Giraudon*.)

Edition originale, ornée de 20 figures numérotées, non signées, mais probablement de Binet. Bel exemplaire grand de marges. (Les pp. 293 à 300 du tome 1er manquent.)

43. **Restif de la Bretonne. La Paysane pervertie**, ou les dangers de la ville; histoire d'Ursule R***, sœur d'Edmond, le Paysan, mise au jour d'après les véritables Lettres des personages. *Imprimé à La Haie, et se trouve à Paris, chés la veuve Duchesne*, 1784;

8 part. en 2 vol. pet. in-12, veau brun, dos orné, tr. rouges. (*Rel. anc.*)

Exemplaire du *premier tirage*, bien complet des 38 figures, dont 8 frontispices, par Binet, gravés par Giraud, Berthet, Leroy et autres. Haut. : 168 mill.

44. **Restif de la Bretonne.** Le Pied de Fanchette, ou l'orpheline française, histoire intéressante et morale. *La Haye, et Francfort, Eslinger*, 1769; 3 tomes en 1 vol. pet. in-12, veau gran., armoiries sur le 1er plat, tr. rouges. (*Rel. anc.*)

Édition originale.

45. **Restif de la Bretonne.** Le Pornographe ou idées d'un honnête-homme sur un projet de règlement pour les prostituées, propres à prévenir les malheurs qu'occasionne le publicisme des femmes, avec des notes historiques et justificatives. *Londres, Nourse*, 1770; in-8, dérel., tr. rouges.

Deuxième edition de cet ouvrage curieux.

46. **Restif de la Bretonne. Les Posthumes,** lettres reçues, après la mort du mari, par sa femme, qui le croit à Florence. Par feu Cazotte. *Imprimé à Paris, à la Maison, et se vend chés Duchêne*, 1802 ; 4 vol. in-12, brochés, couv. muettes avec étiquette impr. au dos.

Cet ouvrage fut imprimé au moins six ans avant d'être publié, mais Restif le remania avant de le lancer en 1802 ; les 4 estampes qui l'ornaient motivèrent la saisie de l'ouvrage et il ne put être livré au public qu'après la disparition de ces gravures.

La part de collaboration que put avoir Cazotte dans ce roman est minime, et l'on doit plutôt en attribuer l'idée première à Mme de Beauharnais, l'amie de Restif. (*P. Lacroix*, p. 425.)

Exemplaire non rogné, dans sa brochure originale, bien complet du supplément des tomes I et IV qui contient l'*Histoire d'Yfflazie*.

47. **Restif de la Bretonne.** La Prévention nationale, action adaptée à la scène, avec deux variantes et les faits qui lui servent de base. *A La Haie, et se trouve à Paris, chés Regnault*, 1784; 3 parties en 2 vol. in-12, veau fauve moucheté, dos orné, fil. sur les plats, tr. rouges. (*Rel. moderne.*)

Premier tirage. — Orné de 10 figures non signées. — Belles épreuves. (Petite piqûre de ver au début du 1er vol.)

48. **Restif de la Bretonne.** Le Quadragénaire, ou l'âge de renoncer aux passions. Histoire utile à plus d'un lecteur. *Genève et Paris, Vve Duchesne*, 1777; 2 tom. en 1 vol. in-12, demi-rel. veau brun, tr. jasp. (*Rel. anc.*)

Édition originale, illustrée de 15 figures gravées par Baquoy, Dutertre, Berthet et autres.

49. **Restif de la Bretonne.** Les Veillées du Marais, ou histoire du grand prince Oribeau, roi de Mommonie, au pays d'Evinland, et de la vertueuse princesse Oribelle, de Lagenie. *Imprimé à Waterford, capitale de Mommonie*, 1785; 2 vol. in-12, bas. marb., dos. orné, tr. rouges. (*Rel. anc.*)

Édition originale. (Rousseurs aux derniers ff du 1er vol.)

50. **Rousseau** (J.-J.). Œuvres choisies. *Londres, s. d.* (vers 1783); 15 vol. pet. in-12, demi-rel. veau rose, dos plat orné en long, tr. dor. (*Rel. romantique.*)

Exemplaire bien complet du portrait et des 26 jolies figures de Marillier, gravées par De Ghendt, Dambrun, de Longueil, etc., avec l'A. P. D. R. sauf à 2 des figures du tome Ier. (*Rousseurs et petites mouill.*)

51. **Sérails de Paris** (Les), ou vies et portraits des dames Pâris, Jourdan, Montigni et autres appareilleuses. — Ouvrage contenant la description de leurs sérails, leurs intrigues, et les aventures des plus fameuses courtisannes. *Paris, Hocquart, an X* (1802); 3 vol. in-18, demi-rel. veau éc., dos orné, tr. jasp.

Édition originale, ornée des portraits de la Gourdan, dite la Petite Comtesse, de Justine Pâris, et de Claire Montigny, non signés.

52. **Thompson.** Les Saisons, poème, traduit de l'anglois de Thompson. *Paris, Chaubert et Hérissant,* 1759; in-12, veau marb., dos orné, fil. sur les plats, tr. marb. (*Rel. anc.*)

Premier tirage. — Édition illustrée de 1 titre-frontispice, 4 figures hors texte et 4 culs-de-lampe, par Eisen, gravés par Baquoy.

53. **Vues de Paris** et des environs. — Collection de 22 figures, par Hédouin, Santi, Toselli, etc., gravées par Durau et Nyon. *Paris, Vallardi, s. d.;* in-12 obl., tir pet. in-8, en 1 vol. veau fauve, tr. jasp.

Le 1er plat de la reliure est détaché.

LIVRES MODERNES

54. **Alhoy** (Maurice). Les Bagnes. — Histoire, types, mœurs, mystères. *Paris, G. Havard; Dutertre; Michel Lévy frères*, 1845; gr. in-8, demi-rel. mar. rouge jans. avec coins, tête dor., non rog., couv. cons.

Premier tirage. — Ouvrage illustré de 30 planches hors texte, dont 3 coloriées, et de nombreuses vignettes dans le texte, gravées sur bois d'après les dessins de Rudder, Bertall, E. de Beaumont, etc.

Bel exemplaire non rogné, lavé et encollé, avec la couverture (La pl. 13 manque; les pl. 4, 5 et 10 sont en noir et les pl. 23 et 24 sont coloriées, contrairement aux indications de M. Brivois.

55. **Almanach**. Le Messager des Grâces, dédié aux demoiselles, par Bouillet. *Paris, Marcilly, s. d.* (1819); in-32, cart., tr. dor, etui. (*Rel. de l'éditeur*.)

1 titre-frontispice et 6 vignettes gravés, hors texte.

On y a joint : *Le Nouvel Astrologue Parisien*, ou le Mathieu Laensbergh réformé, par V. X.Y. Z. *Paris*, 1821; in-24, cart., tr. jasp.

56. **Almanach**. Taschenbuch für das Jahr 1821. — Der Liebe und Freundschaft gewidmet, herausgegeben von Dr. St. Schütze. *Francfort-sur-Mein, s. d.;* in-18, cart. de l'éditeur, tr. dor.

Illustré de 18 figures dessinées par Ramberg, comprenant 1 frontispice, 5 grands sujets et 12 vignettes à mi-page.

57. **Asselineau** (Charles). Bibliographie romantique. — Catalogue anecdotique et pittoresque des éditions originales des œuvres de Victor Hugo, Alfred de Vigny, Prosper Mérimée, Jules Janin, Théophile Gautier, Pétrus Borel, etc. — Seconde édition revue et très augmentée, avec une eau-forte de Bracquemond, 1 vol. — Appendice à la seconde édition de la Bibliographie romantique, 1 vol. *Paris, Rouquette*, 1872-1874; 2 tom. en 1 vol. gr. in-8, cart. bradel demi-vélin blanc, non rog.

Seconde édition, beaucoup plus complète que la précédente, ornée, en frontispice, d'une eau-forte originale de Bracquemond.

Tiré à 412 exemplaires numérotés. — Un des 100 tirés sur papier de Hollande, de format grand in-8, après réimposition, et renfermant le frontispice de Célestin Nanteuil, paru dans la première édition.

58. **Aventures** du baron de Munchhausen. — Traduction nouvelle par Théophile Gautier fils. — Illustrées par Gustave Doré, *Paris, Furne, Jouvet et Cie, s. d.;* pet. in-4, broché, couv. imp. (Dos cassé.)

Premier tirage de cet amusant ouvrage, orné de plus de 150 gravures sur bois, dans le texte ou à pleine page, d'après les dessins de Gustave Doré.

59. **Balzac** (Honore de). Petites miseres de la vie conjugale, par H. de Balzac, illustrées par Bertall. *Paris, chez Chlendowski, s. d.* (1845); gr. in-8, demi-rel. mar. rouge avec coins, dos plat orné en long genre roman-

tique, tête dor., non rog., couv. ill. cons. (*Champs.*)

Édition originale, très humoristiquement illustrée par Bertall de 300 dessins sur bois dans le texte, y compris le frontispice.
Bel exemplaire non lavé et non rogné, avec la couverture.

60. **Béranger**. Album Béranger, par Grandville. *Paris*, *Perrotin*, *s. d.* (1848) ; gr. in-8, broché, couv. imp.

Suite complète de 1 portrait et 83 figures sur bois d'après les dessins de Grandville.
Épreuves avec la lettre *sur Chine monté*.
On y a joint un portrait en pied d'après Charlet.

61. **Béranger** (Paul). Voyages de Paul Béranger dans Paris, après 45 ans d'absence, contenant la relation historique de ses courses dans cette grande ville, ses observations sur les divers changemens qui ont eu lieu pendant son absence. *Paris*, *Lerouge*, 1819 ; 2 vol. in-18, 2 front. gravés, brochés, couv. imp.

Contient d'intéressants détails sur les déprédations commises pendant la Révolution dans les différents édifices publics et religieux.

62. **Boigne** (Comtesse de). Mémoires de la comtesse de Boigne, née d'Osmond, publiés d'après le manuscrit original, par M. Charles Nicoullaud (1781-1866). *Paris*, *Plon et Nourrit*, 1907-1908 ; 4 vol. in-8, portr. en héliogr., demi-rel. chag. vert foncé jans., tête jasp., non rog., couv. cons.

63. **Boulenger** (Marcel). Mes Relations. *Paris, Dorbon, s. d.;* in-12, broché, couv. ill.

Édition originale.
Exemplaire numéroté sur *papier du Japon*.

64. **Campan** (Mme). Mémoires sur la vie privée de Marie-Antoinette, reine de France et de Navarre, par Mme Campan, mis en ordre et publiés par M. Barrière. *Paris, Baudouin frères*, 1823; 3 vol. in-8, portr., demi-rel. mar. rouge à long grain, dos sans nerfs orné dans le style de l'époque, tête dor., non rog.

Édition originale. (Rousseurs; mouillure au tome III.)

65. **Cazotte**. Le Diable amoureux, roman fantastique par J. Cazotte, précédé de sa vie, de son procès et de ses prophéties et révélations par Gérard de Nerval. — Illustré de 200 dessins par Édouard de Beaumont. *Paris, Ganivet*, 1845; in-8, cart. bradel demi-perc. verte, non rog., couv. cons. (*Pierson*.)

Premier tirage. — Illustré d'un portrait de Cazotte, gravé sur acier d'après Édouard de Beaumont, de 6 gravures sur bois hors texte reproduisant les figures de l'édition originale, et de 200 vignettes sur bois dans le texte.
Bel exemplaire non rogné, lavé et encollé, avec la couverture.

66. **Chambet** (C.-J.). Les Souvenirs d'un oisif ou l'esprit des autres, recueil d'anecdotes, la plupart secrètes, inédites ou peu connues, publié par C.-J. Ch[ambet]. *Paris* et *Lyon*,

1824; in-18, front. gravé, demi-rel. veau brun, tr. marb. (*Rel. de l'époque.*)

On y a joint: *Histoire de l'homme déguenillé et à longue barbe* (Chodruc-Duclos), qui se promene dans le Palais-Royal, par E. D. *Paris, Delarue*, 1830; in-18, fig. sur bois, cart., non rog.

67. **Charles-Roux** (J.). Souvenirs du passé. — Le Costume en Provence, avec un sonnet de Frédéric Mistral. *Paris, Lemerre*, 1907; 2 vol. in-4 carré, brochés, couv. ill.

I. *Periode ancienne.* — II. *Période moderne.*
Ouvrage illustré de 22 planches en couleurs hors texte et de 655 reproductions de photographies ou de dessins originaux dans le texte.
Tiré à 500 exemplaires seulement.

68. **Choderlos de Laclos.** Les Liaisons dangereuses. Lettres recueillies dans une société et publiées pour l'instruction de quelques autres, par C*** de L***. *A Londres*, 1820; 2 vol. pet. in-12, veau brun, dos orné, tr. jasp. (*Rel. de l'époque.*)

Edition illustrée de 6 figures de Devéria, gravées par Touzé, Frilley, Lefèvre et Caron. (Petites mouill. et rousseurs.)

69. **Cohen** (Henry). Guide de l'amateur de livres à figures et à vignettes du XVIIIe siècle. — Quatrième édition, revue, corrigée et enrichie de près du double d'articles, de toutes les additions de M. Charles Mehl, et donnant le texte de la deuxième édition intégralement rétabli. *Paris, Rouquette*, 1876; gr. in-8, demi-rel. mar. rouge jans. avec coins, tête dor., non rog.

Très bon exemplaire.

70. **Cuisin** (P.). Les Nymphes du Palais-Royal, leurs mœurs, leurs expressions d'argot, leur élévation, retraite et décadence, par P. Cuisin, auteur du *Numéro 113*. — *Paris, chez Roux*, 1815 ; in-18, broché.

Édition originale, accompagnée d'une figure gravée, pliée, représentant les Galeries de bois et le fameux 113. (Cette gravure a de petites mouill.)

71. **Daumier** (Honoré). Les Cent-et-un Robert-Macaire, composés et dessinés par M. H. Daumier, sur les idées et légendes de Ch. Philipon, réduits et lithographiés par MM***. — Texte par MM. Maurice Alhoy et Louis Huart. *Paris, chez Aubert et Cie*, 1839 ; 2 vol. pet. in-4, demi-rel. mar. vert à long grain avec coins, dos plat orné en long genre romantique, entièrement non rog., couv. ill. cons. (*Stroobants*.)

Premier tirage de ce recueil rare, formant une collection de 101 livraisons de 4 pages, comprenant chacune 3 pages de texte et 1 figure lithographiée par H. Daumier, soit en tout 101 lithographies.

Bel exemplaire non rogné, lavé et encollé, absolument complet, avec les couvertures.

72. **Daumier** (Honoré). Les Cent et-un Robert-Macaire, composés et dessinés par M. H. Daumier, sur les idées et légendes de Ch. Philipon, réduits et lithographiés par MM***. Texte par MM. Maurice Alhoy et Louis Huart. *Paris, chez Aubert et Cie*, 1839 ; 2 vol. petit in-4, demi-rel. bas. brune, couv. ill. collée sur les plats, tr. jasp. (*Rel. de l'éditeur*.)

Premier tirage de ce recueil rare, formant une

collection de 101 livraisons de 4 pages, comprenant chacune 3 pages de texte et 1 figure lithographiée par H. Daumier, soit en tout 101 lithographies. (La reliure est fatiguée; rousseurs.)

73. **Derôme** (L.). Le Luxe des Livres. *Paris, Rouveyre*, 1879; in-12, pap. vergé, broché, couv. imp.

74. **Desbordes-Valmore** (Mme). Poésies de Mme Desbordes-Valmore. *Paris, A. Boulland*, 1830; 2 vol. in-8, veau bleu, dos plat orné en long, fil. dor. et bord. à froid, sur les plats, dent. int., tr. dor. (*Rel. de l'époque.*)

Première édition collective, ornée de 2 titres-frontispices sur bois, 2 vignettes de titre et de nombreux ornements, lettres ornées et culs-de-lampe, également sur bois, dessinés par Henry Monnier, et de 4 figures hors texte par Devéria, Henry Monnier et Tony Johannot, gravées par Durand, Frilley et Cousin.

Exemplaire sur papier vélin, contenant les gravures hors texte en 2 états : eau-forte pure, sur blanc, et avant la lettre, avec signature à la pointe, sur Chine monté (qq. rousseurs).

75. **Droz** (Gustave). Monsieur, Madame et Bébé. — Edition illustrée par Edmond Morin et ornée d'un portrait de l'auteur, en frontispice, gravé par Léopold Flameng. *Paris, Victor Havard*, 1878; gr. in-8, demi-rel. mar. bleu avec coins, dos sans nerfs orné, tête dor., non rog., couv. et dos conservés. (*Pouillet.*)

Premier tirage. — Belle édition ornée d'un portrait, en frontispice, par Flameng, et de 250 jolies illustrations par Edmond Morin, gravées sur bois et intercalées dans le texte.

76. **Environs de Paris** (Les). Paysage, histoire, monuments, mœurs, chroniques et traditions. — Ouvrage rédigé par l'élite de la littérature contemporaine sous la direction de MM. Ch. Nodier et Louis Lurine, et illustré de 200 dessins par les artistes les plus distingués. *Paris, Boizard et Kugelmann, s. d.* (1844); gr. in-8, demi-rel. mar. bleu foncé avec coins, dos sans nerfs orné genre romantique, tête dor., non rog., couv. ill. et dos conservés. (*Canape.*)

Premier tirage. — Ouvrage illustré de nombreuses vignettes sur bois, dont 28 à pleine page, tirées hors texte, dessinées par Célestin Nanteuil, Baron, J. David, etc.

Bel exemplaire non rogné, lavé et encollé, avec la couverture.

77. **Étrangers à Paris** (Les), par MM. Louis Desnoyers, J. Janin, Old Nick, Stanislas Bellanger, E. Guinot, Roger de Beauvoir, etc. — Illustrations de MM. Gavarni, Th. Frère, H. Emy, Ed. Frère, etc. *Paris, Ch. Warée, s. d.* (1844); gr. in 8, broché, couv. ill.

Premier tirage. — Ouvrage illustré de nombreuses vignettes sur bois, dont 30 hors texte, gravées par Pisan, Trichon, Pollet, etc. Rare. — Très bel exemplaire.

78. **Évangiles des Dimanches et Fêtes de l'année** (Les). (suivis de Prières à la Sainte Vierge et aux Saints, texte revu par M. l'abbé Delaunay). *Paris, Curmer*, 1864; 3 vol. in 4, en ff., dans des emboîtages.

Belle publication chromolithographique ornée d'encadrements, d'ornements, de majuscules, etc., dans le texte, et de 100 planches hors texte, d'après les plus beaux manuscrits anciens.

79. **Florian.** Fables de Florian, illustrées par Victor Adam, précédées d'une notice par Charles Nodier et d'un essai sur la Fable. *Paris, Delloye, Desmé et Cie*, 1838; gr. in 8, cart., couv. ill. collée sur les plats, tr. dor. (*Rel. de l'éditeur.*)

Premier tirage. — Édition illustrée de vignettes sur bois, dans le texte, et de 1 frontispice et 110 grands sujets gravés sur cuivre, tirés hors texte, d'après les dessins de Victor Adam. Rare. — Bel exemplaire non piqué, dans son cartonnage original, très frais.

80. **Foë** (Daniel de). Robinson Crusoé. — Traduction de Petrus Borel, enrichie de la vie de Daniel de Foë, par Philarète Chasles, de notices sur le matelot Selkirk, sur Saint-Hyacinthe, sur l'île de Juan-Fernandez, sur les Caraïbes et les Puelches, par Ferdinand Denis, et d'une dissertation religieuse par l'abbé La Bouderie, orné de 250 gravures sur bois. *Paris, Francisque Borel et Alexandre Varenne*, 1836 ; 2 vol. in-8, demi-rel. veau vert, dos plat orné en long, tr. jasp. (*Rel. de l'époque.*)

Édition originale de la traduction de Petrus Borel, la meilleure de toutes les traductions françaises du chef-d'œuvre de Daniel de Foë. — L'illustration comprend 1 frontispice, répété au 2e volume, 1 portrait de Daniel de Foë, gravé par Chevauchet, d'après Devéria, sur Chine volant, et 250 vignettes sur bois dessinées par A. Devéria, Célestin Nanteuil, Jadin, Boulanger, Marville, etc. — Ces vignettes sont tirées dans un encadrement, également sur bois, différent pour chaque volume, mais pareil pour toutes les vignettes du même tome. (Rousseurs.)

81. **Foé** (Daniel de). Aventures de Robinson Crusoé, par Daniel de Foé, traduites par Mme Amable Tastu, suivies d'une notice sur Foé et sur le matelot Selkirk, par Louis Reybaud. *Paris, Didier*, 1837 ; 2 vol. gr.in-8, demi-rel. mar. bleu foncé avec coins, dos plat orné en long genre romantique, tête dor., non rog. (*Canape*).

Édition illustrée de nombreuses vignettes sur bois, dans le texte, et de 52 gravures sur acier, hors texte, dont 2 frontispices, d'après les dessins de de Sainson.

Très bel exemplaire non rogné, lavé et encollé, *auquel on a ajouté 49 des dessins originaux de* DE SAINSON, exécutés à la plume et au crayon. — Belle reliure de Canape.

82. **Galerie méridionale.** Monumens et paysages. — Portraits historiques et costumes, *Marseille, lith. Charavel, s.d.*; pet. in-4 obl., cart.

21 planches lithographiées en noir : vues de Vauciuse, Marseille, Aix-en-Provence, Venise, etc.

83. **Galibert** (Léon). L'Algérie ancienne et moderne, depuis les premiers établissements des Carthaginois jusqu'a la prise de la Smalah d'Alb-el-Kader. — Vignettes par Raffet et Rouargue frères. *Paris, Furne et Cie*, 1844 ; gr. in-8, demi-rel. mar. bleu avec coins, dos a 4 nerfs orné genre romantique, tête dor., non rog.

Édition illustrée de 37 planches tirées hors texte, dont 24 gravures sur acier, en noir, 12 planches de costumes militaires, coloriés, et une carte

d'Algérie. (Manque la pl. : *Chasseurs* d'Afrique.)
On y ajouté 7 gravures sur bois, tirées sur Chine monté, avant la lettre, empruntées à un autre ouvrage.

84. **Gavarni**. Œuvres nouvelles. *Paris, Librairie Nouvelle, s. d.;* pet. in-fol., demi-rel. bas. bleue avec coins, tr. jasp., 1er plat de la couv. cons.

Contient 52 grandes lithographies en noir par Gavarni.
On y a joint : *l'Age du Romantisme. — Célestin Nanteuil, graveur et peintre*, par Philippe Burty. *Paris, Monnier*, 1887; 2 fasc. en 1 plaq. in-4°, cart., couv. collée sur les plats. (*Exemplaire sur japon.*)

85. **Gay** (Jules). Bibliographie des ouvrages relatifs à l'Amour, aux Femmes, au Mariage, et des livres facétieux, pantagruéliques, scatologiques, satyriques, etc., par M. le Cte d'I***. — Quatrième édition entièrement refondue, augmentée et mise à jour par J. Lemonnyer. *Paris et Lille*, 1894-1900; 4 vol. gr. in-8, demi-rel. chag. vert avec coins, dos orné, tête dor., non rog., couv. cons.

Dernière édition de cet important ouvrage bibliographique.

86. **Gœthe**. Le Faust de Gœthe. — Traduction revue et complète, précédée d'un essai sur Gœthe, par M. Henri Blaze. — Edition illustrée par M. Tony Johannot. *Paris, Michel Lévy frères; Dutertre*, 1847; gr. in-8, demi-rel. mar. vert à long grain avec coins, dos à nerfs orné genre romantique, entièrement non rog., couv. cons. (*Canape.*)

Premier tirage. — Edition illustrée de 1 portrait

de Gœthe, gravé par Ph. Langlois, d'après Carl Mayer, et de 9 eaux-fortes gravées par Langlois et Lévy, tirés hors texte sur Chine monté.

Bel exemplaire non rogné, lavé et encollé, avec la couverture.

87. **Grandville** (J.-J.). Les Métamorphoses du jour, par Grandville, accompagnées d'un texte par Albéric Second, L. Lurine, T. Delord, L. Huart, Ch. Monselet, etc. Précédées d'une notice sur Grandville par M. Charles Blanc. *Paris, G. Havard,* 1854; gr. in-8, demi-rel. mar. rouge avec coins, dos orné, tête dor., non rog., couv. ill. cons. (*Champs.*)

Premier tirage de cette édition illustrée de 70 grands dessins de Grandville, gravés sur bois et coloriés à la main, hors texte.

Bel exemplaire non rogné, lavé et encollé, avec la couverture.

88. **Grandville** (J.-J.). Scènes de la vie privée et publique des animaux. — Vignettes par Grandville. — Etudes de mœurs contemporaines publiées sous la direction de M. P.-J. Stahl, avec la collaboration de Messieurs de Balzac, L. Baude, E. de la Bédollière, P. Bernard, J. Janin, Ed. Lemoine, Charles Nodier, George Sand. *Paris, J. Hetzel et Paulin,* 1842 ; 2 vol. gr. in-8, brochés, couv. ill.

Un des ouvrages les plus spirituels et les plus recherchés de la période romantique Il est orné d'environ 160 figures dans le texte et 201 grands sujets hors texte, par Grandville, gravés sur bois par Andrew Best, Leloir, Brévière, Godard et autres.

89. **Gresset.** Œuvres de Gresset. *Paris, Houdaille*, 1839 ; in-8, cart. bradel demi-mar. bleu, tête dor., non rog., couv. cons. (*Champs-Stroobants.*)

Premier tirage. — Édition illustrée de 1 portrait de Gresset et 9 vignettes hors texte, et d'en-têtes et de culs-de-lampe, dans le texte, dessinés par Laville et Meissonier et gravées sur bois par Lacoste.

Exemplaire non rogné, lavé et encollé, avec la couverture.

90. **Janin** (Jules). Les Symphonies de l'hiver. — Illustrations de Gavarni. *Paris, Morizot*, 1858 ; gr. in-8, demi-rel. mar. chaudron avec coins, dos à 4 nerfs orné en long, tête dor., non rog.

Premier tirage. — Ouvrage illustré de 15 gravures sur acier, hors texte, par Ch. Colin, Rouargue, Calamatta, etc., d'après les dessins de Gavarni.

91. **Janin** (Jules). Voyage en Italie. *Paris, Ernest Bourdin*, 1839 ; gr. in-8, demi-rel. mar. bleu foncé à long grain avec coins, dos plat orné en long genre romantique, entièrement non rog., couv. cons. (*Affolter.*)

Premier tirage. — Édition illustrée de 1 titre avec vignette sur bois et 14 planches hors texte gravées sur acier par Outhwaite, Marckl, Louis Marvy, etc.

Bel exemplaire non rogné, lavé et encollé, avec la couverture.

92. **Le Blanc** (Charles). Manuel de l'amateur d'estampes, contenant : 1° Un dictionnaire des graveurs de toutes les nations, dans lequel sont décrites les estampes rares, avec

l'indication de leurs différents états et des prix auxquels ces estampes ont été portées dans les ventes publiques, etc ; 2° Un répertoire des estampes dont les auteurs ne sont connus que par des marques figurées ; 3° Un dictionnaire des monogrammes des graveurs, etc.; et précédé de considérations sur l'histoire de la gravure, ses divers procédés, le choix des estampes et la manière de les conserver. *Paris, Bouillon*, 1888 ; 4 vol. gr. in-8, demi-rel. chag. bleu avec coins, dos orné, tête dor., éb.

Exemplaire sur papier vergé.

93. **Lemaître** (Jules). Les Médaillons. — Puellæ. — Puella. — Risus rerum. — Lares (1876-1879). *Paris, Lemerre*, 1880 ; in-12, cart. bradel perc. verte, non rog., couv. cons. (*Pierson.*)

Edition originale. Rare.

94. **Lemaître** (Jules). Petites orientales. — Une méprise. — Au jour le jour. — *Paris, Lemerre*, 1883 ; in-12, demi-rel veau bleu, tête rouge, non rog., couv. cons.

Edition originale. Très-rare.
Envoi autographe signé de l'auteur à Gustave Larroumet, sur le faux-titre.

95. **Le Sage**. Le Diable boiteux, illustré par Tony Johannot, précédé d'une notice sur Le Sage, par M. Jules Janin. *Paris, Ernest Bourdin et Cie*, 1840 ; gr. in-8, demi-rel.mar. citron avec coins, dos à 4 nerfs orné genre

romantique, tête dor., non rog., couv. ill. cons. (*Durvand.*)

Premier tirage. — Edition illustrée de 1 frontispice sur Chine monté et de 140 vignettes dans le texte.

Bel exemplaire non rogné, lavé et encollé, avec la couverture.

96. **Lorrain** (Jean). Contes pour lire à la chandelle. *Paris, Mercure de France*, 1897; in-18, chag. vert, dos orné, comp. de fil. à froid avec milieux dor., sur les plats, dent. int., tête dor., non rog., couv. cons.

Edition originale. — Bel exemplaire.

97. **Magasin charivarique** (Le). Musée comique, magasin de charges et de caricatures. *Paris, bureau du Charivari*, 1834; 2 fasc.; pet. in-4 carré, brochés, couv. ill.

Ces 2 albums renferment 36 grandes compositions satiriques numérotées 2 à 37, gravées sur bois d'après les dessins de H. Daumier, J.-J. Grandville, Eugène Forest, etc.

On y a joint un 3e album de la même publication, contenant 23 lithographies en noir, par J.-J. Grandville, pour la plupart, plus le feuillet intitulé *Les Poires*, contenant l'extrait du jugement qui condamne Philipon, gérant de la *Caricature*, à 6 mois de prison et 2,000 fr. d'amende, et un autre feuillet portant au recto un grand dessin satirique, non signé, gravé sur bois et ayant pour légende : *Gare le déluge!*

98. **Manuel** (Pierre). La Police de Paris dévoilée, par Pierre Manuel, l'un des administrateurs de 1789, avec gravure et tableaux. *Paris, Garnery*, an II; 2 vol. in-8, front., demi-rel. bas. fauve, tr. jaunes. (*Rel. anc.*)

Ouvrage curieux et rare.

99. **Maze-Sencier** (Alph.). Les fournisseurs de Napoléon Ier et des deux impératrices, d'après des documents inédits. *Paris*, *Laurens*, 1893 ; gr. in-8, broché, couv. imp.

Édition originale.

Les costumes et objets de toilette de Napoléon. — La redingote grise. — Le petit chapeau. — — Tabatières historiques et politiques. — Chambellans, pages, médecins, etc. — Équipages et chevaux. — Théâtres. — Joséphine. — Marie-Louise, sa corbeille et son trousseau. — Le roi de Rome, sa layette, etc.

On y a joint : *Histoire anecdotique de la Garde impériale*, par Emile Marco de Saint-Hilaire, illustrée par H. Bellangé, E. Lamy, de Moraine, Ch. Vernier. *Paris*, *Penaud et Cie*, 1847 ; gr. in-8, demi rel. chag. vert, tr. jasp. (Exemplaire fatigué, incomplet de 3 gravures.

100. **Morin** (Louis). Histoires d'autrefois. — Les amours de Gilles. — 178 dessins de l'auteur, *Paris*, *Kolb*, *s. d.* ; in-8, demi-rel. mar. rouge avec coins, dos sans nerfs orné en long, tête dor., non rog., couv. cons. (*Champs-Stroobants.*)

Édition originale.

Exemplaire décoré, sur le faux-titre, *d'une jolie aquarelle originale de* Louis Morin, *l'illustrateur du livre*, et auquel on a ajouté *6 croquis originaux, à la plume et au crayon*, du même artiste.

101. **Morin** (Louis). Histoires d'autrefois. — Le Cabaret du Puits-sans-Vin. — 95 dessins de l'auteur. *Paris*, *Librairie illustrée*, 1885 ; in-8, demi-rel. mar. vert avec coins, dos sans

nerfs orné en long, tête dor., non rog., couv. cons. (*Champs-Stroobants.*)

Édition originale. Rare.
Exemplaire décoré, sur le faux-titre, *d'une jolie aquarelle originale de* Louis Morin, *l'illustrateur du livre.*

102. **Morin** (Louis). Histoires d'autrefois. — Jeannik — 87 dessins de l'auteur. *Paris, Librairie illustrée; Marpon et Flammarion,* 1885; in-8, demi-rel. mar. bleu avec coins, dos sans nerfs orné en long, tête dor., non rog., couv. cons. (*Champs.*)

Édition originale.
Exemplaire décoré, sur le faux-titre, *d'une jolie aquarelle de* Louis Morin, *l'illustrateur du livre.*

103. **Old Nick** et **Grandville.** Petites misères de la vie humaine. *Paris, Fournier,* 1843; in-8, demi-rel. chag. vert, dos orné, tête dor., non rog. (*Rel. de l'époque.*)

Premier tirage. — Ouvrage rempli d'humour, illustré de 200 vignettes sur bois, dont 50 grands sujets tirés à part, d'après les dessins de Grandville. (La reliure est fatiguée; l'exemplaire est déboité).
On y a joint : *Fables de Florian,* illustrées par J.-J. Grandville. *Paris, Garnier frères, s. d.;* in-8, cart. de l'éditeur, fers spéciaux, tr. dor. (Ex. fatigué.)

104. **Petits Albums pour rire.** *Paris, Marescq; Philipon fils, s. d.;* 9 vol. pet. in-8 carré, dont 8 demi-rel. mar., dos orné, tête dor., non rog., couv. cons., et 1 broché, couv. factice.

Comprend : *Le Carnaval,* par G. de Beaumont

et Belin, 56 sujets. — *Plaisirs champêtres*, 56 sujets; *Pochades*, 114 sujets; *Mœurs Parisiennes*, 167 sujets, par Lefils, Chagot et autres. — *Croquis militaires*, 56 sujets; *Il n'y a plus d'enfants*, 55 sujets, par Randon. — *Les Lorettes*, par Talin et Damourette, 109 sujets. — *Bêtises Amusantes*, par divers, 105 sujets (On a ajouté à ce dernier 8 fumés tirés sur papier de Chine). — Ensemble 718 compositions humoristiques gravées sur bois.

105. **Physiologie** du Médecin, par Louis Huart. *Paris, Aubert et Cie; Lavigne, s. d.;* in-18, demi-rel. mar. vert foncé à long grain avec coins, non rog., couv. cons. (*Canape.*)

Premier tirage. — Illustré d'environ 50 vignettes sur bois, dessinées par Trimolet.
Bel exemplaire lavé et encollé.

106. **Prophéties charivariques**, par Quillenbois. *Paris, Aubert et Cie, s. d.;* in-4, cart. de l'éditeur, couv. ill. collée sur les plats.

Premier tirage. — Renferme 1 titre et 20 grandes lithographies *coloriées*, chacune à 3, 4 ou 6 sujets humoristiques.
On y a joint : *Fantasmagorie, grand album d'images*, publié par Martinet; in-4 obl., cart., 1 titre et 30 pl. de lithographies coloriées, chacune à plusieurs sujets. (Cassure à la pl. 29.)

107. **Régnier** (Henri de). Contes à soi-même. *Paris, Librairie de l'Art Indépendant*, 1894; in-16, demi-rel. chag. brun avec coins, dos orné en long, tête dor., non rog., couv. cons. (*Randeynes.*)

Edition originale. — Bel exemplaire.

108. **Régnier** (Henri de). Le Passé vivant,

roman moderne, *Paris*, *Mercure de France*, 1905 ; in-12, demi-rel. mar. vert foncé jans., tête dor., non rog., couv. et dos conservés. (*Stroobants.*)

Édition originale. — Très bel exemplaire.

109. **Régnier** (Henri de). Pour les Mois d'hiver. *Paris, les Bibliophiles fantaisistes*, 1912 ; gr. in-8, broché, couv. imp.

Édition originale, tirée à 500 exemplaires numérotés. — Un des **15** sur **papier du Japon**

110. **Régnier** (Henri de). La Sandale ailée (1903-1905). *Paris, Mercure de France*, 1906 ; in-12, broché, couv. imp.

Édition originale. — Bel exemplaire.

111. **Renard** (Jules). Le Pain de ménage, comédie en un acte. *Paris*, *Ollendorff*, 1899 ; plaq. in-12 carré, cart. bradel demi-mar. havane avec coins, tête dor., non rog., couv. cons. (*Stroobants.*)

Édition originale.
Un des **20** exemplaires numérotés sur **papier de Hollande.** — Bel état.

112. **Roses du Vaudeville** (Les). *Paris*, *Le Fuel et Delaunay*, s. d. (1819) ; in-18, cart. pap. rose, bord. dor. sur les plats, tr. dor. (*Rel. de l'éditeur.*)

Almanach renfermant l'analyse des meilleurs vaudevilles de l'époque, avec les principaux couplets, illustré de 11 jolies figures gravées, *coloriées*, reproduisant des scènes des pièces citées. (Le dos du cartonnage manque ; déchirure à 1 f.)

113. **Rostand** (Edmond). Cyrano de Bergerac, comédie héroïque en cinq actes. *Paris, Charpentier*, 1898; pet. in-8 carré, broché, couv. imp.

Edition originale.

114. **Rousseau** (J.-J.). Les Confessions de J.-J. Rousseau. — Vignettes par MM. Tony Johannot, H. Baron, K. Girardet, E. Laville, C. Nanteuil, etc. *Paris, Barbier*, 1846; gr. in-8, cart. bradel demi-mar. rouge foncé avec coins, non rog., couv. ill. cons. (*Carayon.*)

Premier tirage. — Édition illustrée de nombreuses vignettes sur bois, dont 28 grands sujets tirés à part.

Bel exemplaire non rogné, lavé et encollé, avec la couverture.

115. **Saint-Hilaire** (Marco de). L'Art de mettre sa cravate de toutes les manières connues et usitées, enseigné et démontré en seize leçons, par le Bon Emile de l'Empesé (Marco Hilaire, dit Marco de Saint-Hilaire). — Septième édition. *Bruxelles, Périchon aîné*, 1827; in-18, cart. bradel, non rog., couv. cons.

Bien complet des 4 planches pliées, lithographiées. (Mouillures.)

On y a joint : *Manuel complet* de la bonne compagnie ou guide de la politesse. *Paris, Ancelle*, 1828; in-18, titre et front. gravés, veau fauve, orn. dor. et à froid sur le dos et les plats, tr. marb. (*Rel. romantique.*)

116. **Saint-Pierre** (Bernardin de). Paul et Virginie (suivi de la Chaumière indienne), par

J.-H. Bernardin de Saint-Pierre. *Paris, L. Curmer, 49. rue Richelieu*, 1838; 1 tome en 2 vol. gr. in-8, mar. rouge, dos orné, larges encadr. avec grande composition aux petits fers et au pointillé crouvrant les plats, dent. int., tr. dor. (*Capé.*)

Magnifique édition ornée d'environ 450 vignettes sur bois, dans le texte, dessinées par Tony Johannot, Français, Marville, Huet, Steinheil, Isabey, Meissonier (130 environ sont de ce dernier), de 29 gravures sur bois, par les mêmes, tirées hors texte sur papier de Chine, avant la lettre; d'une carte, aussi sur papier de Chine, et de 7 portraits, dessinés par Laffit e, Tony Johannot et Meissonier, gravés sur acier et tirés hors texte, sur papier de Chine, avant la lettre.

Bel exemplaire du *premier tirage*, contenant les portraits de Mme de la Tour et du Docteur, dits portraits anglais, avec le portrait de la *bonne femme* à la p. 418, et auquel on a ajouté :

1° Le tirage à part, à l'état de fumés, sur Chine monté, de 145 des vignettes du texte;

2° 2 épreuves de remarque, très rares, du portrait de la *bonne femme*, tirées à part, sur Chine volant : *épreuve non terminée* et *épreuve du bois effacé;*

3° Le portrait de B. de Saint-Pierre en épreuve d'artiste, *avant toute lettre et avant la sphère,* sur Chine volant;

4° Une épreuve avec la lettre, sur Chine monté, du même portrait;

5° Le Portrait du Docteur, d'après Meissonier ;

6° Le portrait de la *Jeune Bramine*, en épreuve d'artiste, *avant toute lettre*, avec l'*étoile* au front, sur Chine volant;

7° 2 portraits de B. de Saint-Pierre, l'un par Desenne, in-18, avant la lettre, sur Chine volant; l'autre par Dequevauviller, avec la lettre;

8° 1 portrait de Curmer, avec la lettre, sur Chine volant;

9° 2 portraits de Meissonier, l'un par Penoville,

gr. in-8; l'autre par T. C. Regnault, sur Chine volant;

10° *Une lettre autographe signée de Meissonier*, datée du 29 mai 1855; 1 p. in-8.

11° La suite de 1 portrait et 6 figures dessinés et gravés par Ed. Hédouin, épreuves avant toute lettre, sur papier du Japon;

12° La suite des 4 figures dessinées et gravées par V. Foulquier, épreuves avec la lettre, sur Chine monté;

13° La suite des 6 figures et 2 vignettes dessinées et gravées par Ad. Lalauze, épreuves avant la lettre, sur Chine volant;

14° La suite de 1 frontispice et 4 figures, par Desenne, gravés par Heath, *en 2 états*, dont l'eau-forte pure (une de ces figures est en un seul état, en épreuve terminée);

15° 7 figures in-18, par Westall et Corbould, sur Chine monté;

16° La suite d'un portrait, d'après Girodet, et 7 figures in-8, d'après Corbould et Wegdwood, *en trois états*, dont l'eau-forte pure (l'une de ces figures est en 5 états et une autre, l'*Arrivée du Docteur chez le paria*, est à l'état d'eau-forte pure seule);

17° 5 grandes lithographies, dont une non signée, en 2 tons, sur Chine volant, et 4 par Desenne, en noir;

18° 3 figures diverses, dont une grande gravure anglaise, *The indian fruit-seller*, sur Chine volant.

En tout 224 pièces ajoutées. — Riche reliure de Capé.

117. **Siret** (Adolphe). Dictionnaire historique et raisonné des peintres de toutes les écoles, depuis l'origine de la peinture jusqu'à nos jours, contenant : 1° un abrégé de l'histoire de la peinture chez tous les peuples; 2° la biographie des peintres, par ordre alphabétique avec désignation d'école; 3° l'indication de leurs tableaux principaux, avec désigna-

tion des lieux où ils se trouvent; 4° la caractéristique du style et de la manière des peintres; 5° le prix auquel ont été vendus les tableaux dans les ventes célèbres des trois derniers siècles, y compris le dix-neuvième; 6° huit cents monogrammes environ; 7° les listes alphabétiques et chronologiques, par écoles, des artistes cités. — Troisième édition originale, considérablement augmentée. *Bruxelles, Paris, Leipzig, Londres, chez les principaux libraires*, 1883; 2 vol. gr. in-8, demi-rel. chag. grenat jans, tête peigne, non rog., couv. cons.

Reproduction par le procédé anastatique, tirée à très petit nombre, de cet ouvrage des plus recherchés, le meilleur et le plus complet des travaux de ce genre. Epuisé depuis fort longtemps. — Bien complet des 105 planches de reproductions.

118. **Swift**. Voyages de Gulliver dans les contrées lointaines par Swift.— Edition illustrée par Grandville. — Traduction nouvelle. *Paris, Fournier aîné; Furne et Cie*, 1838; 2 vol. in-8, demi-rel. mar. vert foncé à long grain avec coins, dos plat orné en long, tête dor., *non rogné*. (*Dewatines*).

Premier tirage. — Edition illustrée de 1 frontispice sur Chine volant et de 450 vignettes gravées sur bois et intercalées dans le texte, d'après les dessins de Grandville.

Très bon exemplaire non rogné, dans une bonne reliure de l'époque, n'ayant d'autre défectuosité que les rousseurs communes à tous les exemplaires.

119. **Topffer** (R.). Bibliographie des Œuvres de Rodolphe Topffer, par Paul Mirabaud, avec une introduction par A. Parran. — Extrait de « Rodolphe Topffer », l'écrivain, l'artiste et l'homme, par A. Blondel et P. Mirabaud, *Paris*, *Hachette et Cie*, 1887; plaq. gr. in-8, demi-rel. mar. vert foncé jans. avec coins, tête dor., non rog., couv. cons. (*Engel.*)

Intéressante bibliographie ornée d'un beau portrait de R. Topffer en héliogravure.

Exemplaire numéroté sur grand papier de Hollande.

120. **Topffer** (Rodolphe). Nouveaux voyages en zigzag, à la Grande-Chartreuse, autour du Mont-Blanc, dans les vallées d'Herenz, de Zermatt, au Grimsel, à Gênes et à la Corniche. Précédés d'une notice par Sainte-Beuve. *Paris*, *V. Lecou*, 1854; gr. in-8, demi-rel. mar. vert foncé avec coins, dos orné, tête dor., non rog., couv. ill. cons. (*Allô.*)

Premier tirage. — Edition illustrée de nombreuses vignettes sur bois, dont 48 tirées hors texte, exécutées d'après les dessins originaux de Topffer, par Calame, Karl Girardet, Français, Daubigny, etc.

Bel exemplaire non rogné, lavé et encollé, avec la couverture.

121. **Viel-Castel** (Cte H. de). Mémoires du comte Horace de Viel-Castel sur le règne de Napoléon III (1851-1864), publiés d'après le manuscrit original, avec une préface par L. Léouzon-le-Duc. *Paris*, 1883-1884; 6 vol. in-12, cart. bradel demi-perc. grenat avec coins, non rog.

Bel exemplaire.

122. **Villiers** (Henri de). Essais historiques sur les modes et la toilette française, par le chevalier de ***. *Paris*, *Mongie*, 1824 ; 2 vol. in-18, demi-rel. chag. rouge, tr. jasp.

Recueil d'anecdotes et de réflexions et maximes, orné de 4 figures de modes, gravées, en noir, dont 2 de costumes d'hommes et 2 de costumes de femmes.

FAIENCES, PORCELAINES

123 — Singe, assis, en céramique.

124 — Cruche en ancien grès blanc de Siegburg.

125 — Deux petits plats, décorés de paysages, avec ruines. Ancienne faïence de Castelli.

126 — Trois plats variés, décor de vases de fleurs. Ancienne faïence de Delft.

127 — Deux crachoirs, décorés de fleurs en bleu. Ancienne faïence de Delft.

128 — Bouteille, décorée de lambrequins et de dragons, en bleu. Ancienne faïence de Delft.

129 — Plaque de forme contournée, décorée d'un vase de fleurs. Ancienne faïence de Delft.

130 — Vase à anse surélevée, décor de personnages. Ancienne faïence d'Urbino.

131 — Couvercle, décoré de feuillages. Ancienne faïence de Kutaïa.

132 — Douze assiettes, décorées de paysages de style chinois, en faïence italienne.

133 — Potiche avec couvercle, décorée d'arbustes en fleurs. Ancienne porcelaine du Japon.

134 — Deux compotiers en ancienne porcelaine de Chine, décorés de vases, attributs et fleurs.

135 — Deux petits plats en ancienne porcelaine de Chine, époque Kien-lung; décor d'oiseaux et de fleurs.

136 — Deux plats, décorés chacun d'une scène familiale avec fleurs au marli. Ancienne porcelaine de Chine, époque Kien-lung.

137 — Vasque, décorée de branches fleuries et d'oiseaux, en ancienne porcelaine de Chine.

138 — Petite potiche, avec couvercle, décorée de personnages et fleurs, en porcelaine du Japon.

139 — Plat, décoré d'une habitation et de branches fleuries, en porcelaine du Japon.

140 — Vase en porcelaine de Chine, décor dit aux cent enfants.

141 — Bouteille en porcelaine de Chine émaillée gris jaunâtre craquelé.

142 — Deux potiches avec couvercles, décorées de poissons dans les flots. Porcelaine de Chine.

143 — Statuette de jeune garçon, debout, décor bleu. Ancienne porcelaine de Chine.

144 — Théière, simulant un caractère d'écriture, en porcelaine de Chine.

145 — Statuette de personnage accroupi tenant une coupe. Ancienne porcelaine de Chine, époque Kien-lung.

146 — Deux petits vases en ancien céladon bleu turquoise de la Chine.

147 — Statuette de divinité, assise, en grès gris craquelé de la Chine.

148 — Deux statuettes de personnages souriant, debout, en ancienne porcelaine de Chine. Époque Kien-lung.

149 — Potiche, décorée de dragons dans les flammes. Ancienne porcelaine de Chine.

150 — Vase à panse surbaissée, décoré de chevaux en bleu et violet, sur fond gris verdâtre. Ancienne porcelaine de Chine.

151 — Pitong cylindrique, décoré de personnages, en porcelaine de Chine.

152 — Pot ovoïde, décoré de fleurs et de médaillons sur fond bleu pâle chargé de rinceaux. Ancienne porcelaine de Chine, époque Kien-lung.

153 — Pot ovoïde, avec couvercle, décoré de fleurs sur fond gris verdâtre. Porcelaine de Chine.

154 — Vase, décoré de guerriers. Porcelaine de Chine.

155 — Deux petits vases en porcelaine de Vienne, à médaillons contenant des compositions en grisaille.

OBJETS VARIÉS

156 — Cinq pièces en cuivre : aiguière, cafetière, etc.

157 — Deux burettes en étain.

158 — Deux statuettes : Paysan et paysanne, en ancien biscuit, sur bases en bronze.

159 — Pendule et deux candélabres, à quatre lumières, en bronze.

160 — Cinq pièces en bronze : petit chandelier orné de fleurs, figurine d'enfant nu, deux petits souliers, lampe de style antique en forme de tête.

161 — Deux chandeliers en pierre de lard. Travail chinois.

162 — Pendeloque-médaillon ornée d'un petit bas-relief en ivoire ; cadre en argent et pierreries.

163 — Miniature ovale : Portrait de personnage en buste vêtu d'un uniforme blanc. XVIIIe siècle.

164 — Miniature ovale : Portrait d'homme en buste, en habit bleu, époque Louis XV ; dans un cadre en strass.

165 — Petite boîte ronde en argent gravé, décorée d'un bas-relief en bois sculpté, à sujet de bacchanale sur le couvercle.

166 — Deux fixés : Paysages.

167 — Sept gravures encadrées.

168 — Bas-relief ovale : sujet de bacchanale en bronze, d'après Clodion.

169 — Figurine en bronze de baigneuse, debout, s'essuyant un pied, d'après l'antique.

170 — Deux grands éperons en bronze.

171 — Trois fragments de vitraux, à compositions d'angelots.

172 — Sabre japonais, à fourreau et manche d'os.

173 — Maisonnette en bois et ivoire. Travail japonais.

174 — Pipe à opium chinoise.

MEUBLES

175 — Table-coiffeuse, à tiroir, abattant et tablette mobile. Époque Louis XV.

176 — Console en bois ajouré, peint gris et doré, décor de fleurs, corbeilles et feuilles. XVIIIe siècle. Dessus de marbre.

177 — Petite table, à deux tiroirs, en bois de placage, avec tablette mobile.

178 — Tabouret oblong en bois sculpté, couvert en ancienne soie brochée à fleurs sur fond bleu.

ÉTOFFES, TAPIS

179 — Dessus de lit et dessus de coussin en satin rouge brodé à décor de dragons.

180 — Carpette orientale à fond rouge.

181 — Carpette orientale à motifs géométriques sur fond bleu.

182 — Tapis chemin oriental à motifs géométriques sur fond jaune.

183 — Petit tapis de prière, oriental, à fond rouge; bordure à motifs réguliers.

Supplément au *BULLETIN DU BIBLIOPHILE*, juin 1914.

LIVRES ANCIENS ET MODERNES

(20 mai 1914.)

Libraire : Ch. BOSSE.

Commissaire-Priseur : Me Henri BAUDOIN.

Nos	Fr.	c.	Nos	Fr.	c.	Nos	Fr.	c.	Nos	Fr.	c.
1	10	»	32	4	»	63	6	»	94	16	»
2	28	»	33	10	»	64	16	»	95	49	»
3	32	»	34	270	»	65	52	»	96	13	»
4	41	»	35	43	»	66	3	»	97	10	»
5	20	»	36	30	»	67	17	»	98	8	»
6	3	»	37	30	»	68	16	»	99	10	»
7	15	»	38	15	»	69	10	»	100		
8	15	»	39	12	»	70	13	»	101	152	»
9	4	»	40	50	»	71	220	»	102		
10	30	»	41	85	»	72	35	»	103	6	»
11	30	»	42	30	»	73	3	»	104	42	»
12	6	»	43	105	»	74	91	»	105	4	»
13	13	»	44	20	»	75	30	»	106	20	»
14	140	»	45	4	»	76	35	»	107	21	»
15	11	»	46	16	»	77	55	»	108	14	»
16	26	»	47	85	»	78	103	»	109	20	»
17	6	»	48	25	»	79	32	»	110	12	»
18	21	»	49	12	»	80	20	»	111	27	»
19	8	»	50	38	»	81	235	»	112	25	»
20	32	»	51	26	»	82	2	»	113	12	»
21	11	»	52	15	»	83	21	»	114	30	»
22	8	»	53	10	»	84	12	»	115	4	»
23	4	»	54	18	»	85	31	»	116	600	»
24	29	»	55	11	»	86	67	»	117	89	»
25	3	»	56	10	»	87	57	»	118	47	»
26	5	»	57	32	»	88	20	»	119	10	»
27	15	»	58	35	»	89	30	»	120	95	»
28	15	»	59	67	»	90	8	»	121	41	»
29	34	»	60	11	»	91	52	»	122	6	»
30	4	»	61	3	»	92	32	»			
31	20	»	62	35	»	93	12	»			

Total de la vente. . . . . **8 529** francs.

www.ingramcontent.com/pod-product-compliance
Lightning Source LLC
LaVergne TN
LVHW010055230826
846091LV00005B/1947
* 9 7 8 2 3 2 9 5 1 3 2 4 9 *